AF495486

DIALOGUE

CHANTÉ

SUR LE THEATRE DE LYON,

EN PRÉSENCE

DE SON ALTESSE ROYALE

MADAME LA PRINCESSE

DE PIÉMONT.

Par le Sieur MONVELLE, *Comédien François ordinaire du* ROI.

A LYON,

De l'Imprimerie D'AIMÉ DE LA ROCHE, Imprimeur du Gouvernement, aux Halles de la Grenette.

M. DCC. LXXV.

ACTEURS,

Un Savoyard, M. LOBREAU.

Une Marchande de Chansons, Mad^e^. LOBREAU.

DIALOGUE CHANTÉ *SUR LE THÉATRE DE LYON,* EN PRÉSENCE *DE SON ALTESSE ROYALE* MADAME LA PRINCESSE *DE PIÉMONT.*

UN SAVOYARD.

(Sur l'Air : *Eh couſſi, couſſa,*
Aſterlà,
Le beau mari que voilà !)

ON dit que not'Princeſſe
Fait ſon entrée ici
Aujourd'hui.
Morgué! que d'alégreſſe!
J'allons bientôt la voir,
Quel eſpoir!

Eh coussi, coussa,
Asterlà!
Que de plaisir je sens là!

Gn'y a morgué pein'qui coûte,
Bien que l'chemin soit long
J'en répond',
Gaiement j'fesons la route;
Qui peut voir tant d'appas
N'se plaint pas.
Eh coussi, coussa,
Asterlà!
Le cœur me dit qu'Elle est-là.

UNE MARCHANDE DE CHANSONS.

Si tu voulois bien n'pas crier si fort!...... Voyez un peu st'Olibrius qui chante à tue-tête, pendant q'j'avons tretous la chagrin dans l'ame.

LE SAVOYARD.

Vous avais du chagrin: tant pis pour vous: ça n'vaut rien pour la santé. Moi, j'ai du plaisir aussi voyais comme je m'porte! Mais contez-moi donc un peu pour voir quoi que c'est qui vous chagreine.

LA MARCHANDE.

Ce qui en chagrineroit bian d'autres. V'là ce que tout Paris répete, & je gage qu'on en dit autant par toute la France,

(Sur l'Air : *Charmante Gabrielle.*)

UNE Mortelle auguste,
Digne Sang de nos Rois,
D'un Prince aimable & juste
Seule a fixé le choix.
La France en vain l'appelle,
Elle nous fuit;
Mais du François fidele
Le cœur la suit.

Où la Vertu sait plaire,
Sans peine elle plaira.
Elle sera plus chere,
Plus on la connoîtra.
Le doux espoir se mêle
A nos regrets.
Oui, tous les cœurs pour elle
Seront François.

O vous, que l'on regrette,
Vous, l'espoir de nos cœurs,
Que l'écho vous répete
Nos accents & nos pleurs !
Il ne pourra vous rendre
Ces vœux si doux
Que l'amour le plus tendre
Forme pour vous.

LE SAVOYARD.

Mais morgué, n'est-il pas juste que j'ayons not'tour ? si vous nous donnais une Princesse....

(Sur l'Air : *Mr. le Prévôt des Marchands.*)

Je vous en avons baillé deux.....

LA MARCHANDE.

Et j' les aimons à qui mieux.
Aux vertus dont chacune brille,
A la bonté que j'leux voyons,
Je les croirions de la famille
Du bon Roi que nous adorons.

LE SAVOYARD.

Eh ben! si j'vous ons fait un joli cadeau, m'est avis qui faut q'vous preniais vot'revanche.

LA MARCHANDE.

Oh, c'est différent! on n'a jamais trop d'bien; & la Princesse que vous nous enlevais, si vous saviez combien j'l'aimons! Dame....

(Sur l'Air : *Reçois dans ton galetas.*)

Gn'ien a pas biaucoup com'ça;
De son pere alle est bien fille.
Ste bonté dont j'parle là,
Eh ben! c'est un don de famille,
Et ça leur viant de pere en fils
Depuis le meilleur des Henris. (*bis.*)

Alle eſt bian jeune, & ſlapendant je la regardons comme not'mere, & alle l'eſt, en vérité d'Dieu, par la tendreſſe qu'alle a pour nous. Voyais ſi j'ons tort d'être affligés d'la perdre, & d'voir que d'autres vont profiter de not'malheur.

LE SAVOYARD.

(Sur l'Air : *Ah, permettez avec bonté*
Que je vous, que je vous, que je vous le donne,
Madame, j'ordonne.
Ah! permettez avec bonté,
Que je l'attache à votre côté.)

Quoi! c'eſt cela qui vous chagrine,
Et c'eſt ce qui comble nos vœux.
Vous avez peur, je le devine,
Que nous ne ſoyons trop heureux.
Faut-il nous envier ici
Un bonheur qui nous flatte ainſi?
Bientôt, grace à ce nœud chéri,
Comme vous, comme vous, de cette Princeſſe
J'aurons la tendreſſe,
Bientôt comme vous, Dieu merci,
Je deviendrons ſes enfants auſſi.

LA MARCHANDE.

Mon Dieu! c'n'eſt pas que j'ſoyons fachés que vous partagiais un peu not' bonheur. Vous êtes de bonnes gens. Vot'Maître eſt itou un brave homme comme le nôtre. Ils ſont amis tous deux, & je n'nous en étonnons pas; les honnêtes gens se recherchent, & comme dit le proverbe, qui se ressemble s'assemble. Not'bonne Princesse sera heureuse cheux vous, j'savons ben ça. Elle est si aimable qui faudra que vous l'aimiez; al'vous plaira à tretous, d'puis le plus petit ju'qu'au plus grand; & ça sans s'donner d'peine, sans avoir l'air d'y penser; v'là comme i'sont dans la famille. Vous en raffollerais aussi bien que nous, je n'en doutons pas; mais si elle pouvait faire votre bonheur sans qu'il y fût rien du nôtre; si elle pouvait à la fois s'trouver à Turin & à Versailles, j'serions tretous bian plus contents.

LE SAVOYARD.

Vous r'doublais le d'sir que j'ons d'la voir déja cheux nous. Laissez faire, j'aurons soin qu'alle ne regrette point Paris. J'l'aimerons tant, j'l'y en baillerons tant de marques, qu'alle sera obligée de dire... Ventregué, j'n'ai pas changé d'Pays!

LA MARCHANDE.

Elle le mérite bian. Vous n'l'avez pas vue; pour que vous la reconnaissiez drès l'abord: tenez, v'là son portrait en quatre mots; & il est ressemblant, deà; car il est d'un Monsieur d'Paris qui fait des Livres, & tout l'monde dit que c'portrait-là n'est pas flatté.

(Sur l'air... *Des simples jeux de son enfance.*)

De l'Aveugle de Palmire.

A la gaieté de la jeunesse
A l'ascendant de la beauté,
Elle joint douceur sans faiblesse,
Et sagesse sans âpreté.
Son cœur ménage avec adresse
Le cœur des heureux qu'elle fait,
Et c'est par la délicatesse
Qu'elle ajoute encore au bienfait.

LE SAVOYARD.

Par la morguenne, ils seront ben ensemble, Elle & not'cher Prince. S'ils ont jamais dispute tous deux, ce ne sera qu'à qui fera le plus d'bien. Aussi ils peuvent être sûrs qui n'auront pas affaire à des ingrats.

(Sur l'air.... *Avec une flèche*
Qui par le p'tit bout a l'fil.)

Qui est dans Jerôme & Fanchonette.

A l'envi l'un d'l'autre
Je les chérirons,
J'les bénirons,
Leur plaisir c'est l'nôtre;
J'y pourvoirons.

Le bonheur d'un Pere
Est d'être aimé de ses enfants;
D's'côté-là, j'espere
Q'tous deux s'ront contents.

LA MARCHANDE.

En ce cas-là, j's'is un peu plus tranquille; mais tenez-moi parole, tous les François vous en prient; c'est par ma bouche qui vous recommandont leur Princesse, leur chere Princesse, l'objet de tous leurs vœux, de tout leur amour; i' n'y mettront pas plus de zele & de tendresse quand i vous recommanderiont leur enfant.

LE SAVOYARD.

Touchez-là; j'vous l'promets; conservez-nous les nôtres, aimez-les toujours; morgué, j'vous garenti qu'alles ne mourront jamais si leur santé dépend de notre amour pour ste bonne & charmante Princesse que vous nous envoyais: plus de chagrin, soyez heureux de notre bonheur; & chantons ensemble votre joie & la nôtre.

(Sur l'air .... *Un Soldat sous un coup funeste. Cou* .....)

L'Hymen à nos desirs propice,
D'un triple nœud va nous unir.
Est-il un plus heureux auspice?
Notre bonheur peut-il finir?

Que pour cette Fête
L'Amour nous donne l'unisson,
Et qu'avec lui tout le monde répete :
Vive Piémont, vive Bourbon!

LA MARCHANDE.

Que sur cet heureux Mariage
L'Amour verse tous ses bienfaits!
Que bientôt il en offre un gage,
Objet de nos plus doux souhaits.
Comme à cette Fête,
De loin tous nos cœurs s'entendront,
Je crois m'y voir, & déja je répete :
Vive Piémont, vive Bourbon!

On danse.

Couplet par le Sieur PONTEUIL.

LA MARCHANDE DE CHANSONS.

Sur l'air : *Ah, ah, ah! v'là tous nos bouquets.*

Comm'il n'y a qu'un Soleil aux Cieux,
Et qu'il y brille pour tous les yeux,
De même pour rendre tout l'monde heureux,
Et n'faire qu'une Famille,
Il n'y a que Victor & Bourbon,
Et j'nous en vantons.

Couplets en Chœur, sur un Vaudeville du Sieur LEGROS.

LE CHŒUR.

Quel Brillant Hyménée !
A l'envi répétons,
C'eſt le Sang d'Amédée
Qui s'unit aux Bourbons.

UN CHANTEUR *ſeul.*

Au Temple de mémoire
On verra ce beau jour
Conſacré par la gloire,
Dans nos cœurs par l'amour.

LE CHŒUR.

Quel brillant Hyménée ! &c.

UN CHANTEUR *ſeul.*

Le Piémont & la France
N'ont plus qu'un même cœur ;
Une triple alliance
Va fixer leur bonheur.

LE CHŒUR.

Quel brillant Hyménée ! &c.

FIN.

COUPLETS A SON ALTESSE ROYALE, MADAME CLOTILDE DE FRANCE, *PRINCESSE DE PIÉMONT*, AU SUJET DES MARIAGES *FAITS A SON PASSAGE* A LYON.

Sur l'air : { *Qu'ici chacun se réunisse*
Pour célébrer le Grand MAURICE.

QUAND, au matin, la douce aurore
Pare les Cieux qu'elle colore,
On se promet l'espoir d'un plus beau jour,
Et d'un printemps l'heureux retour.
CLOTILDE ainsi, par sa présence,
Vient dissiper les noirs chagrins,
Et sa Bonté, sa Bienfaisance
Fixent à jamais nos destins.

Aux ſeux brillants de l'Hymenée
Qui va remplir ſa deſtinée,
Pour notre bien Elle veut que l'amour
Allume ſes feux en ce jour.
Pour des Epoux quels sûrs préſages!
En eſt-il de plus précieux?
Elle a ſcellé nos Mariages,
Pourroient-ils ne pas être heureux?

Sous ſes regards, ſous ſes auſpices,
Les Dieux vont nous être propices;
Leur tendre main nous comblant de bienfaits,
Nous goûterons l'aimable paix.
Le ſort plus doux va, ſans réſerve,
Sur tous nos pas ſemer des fleurs.
Eh! ſous l'Egide de Minerve,
Devons-nous craindre ſes rigueurs?

Des bienfaits de cette Princeſſe,
Qui fait la publique alégreſſe,
Nous ne perdrons jamais le ſouvenir.
Nous tranſmettrons à l'avenir
Son air noble & plein de ſageſſe,
Les qualités de ſon grand cœur;
Et nos Neveux diront ſans ceſſe:
Nous lui devons notre bonheur.

Par M. M. **

COUPLETS AU SUJET DES MARIAGES *FAITS A LYON*, LORS DU PASSAGE *DE MADAME* CLOTILDE DE FRANCE, *PRINCESSE DE PIÉMONT.*

LOIN d'un Ciel qui la vit naître,
L'Auguste Sœur de LOUIS,
Vient briller & disparoître
A nos regards éblouis.
C'est l'averse salutaire
Qui, dans un été brûlant,
Vient fertiliser la terre,
Et ne dure qu'un instant.

Pour un Epoux jeune & tendre
Elle abandonna sa Cour;
Les pleurs qu'on lui vit répandre,
Sont essuyés par l'amour.

Au doux objet qui nous aime,
CLOTILDE nous unissant,
Veut qu'on juge par soi-même
Du plaisir qu'Elle ressent.

Dans une louable ivresse,
La pieuse antiquité
Déifia la sagesse,
La grandeur, & la beauté.
Mais, par une erreur commune,
On en fit trois Déités:
Non, CLOTILDE, il n'en est qu'une,
Et Vous la représentés.

Eh quoi! Vous quittez la France;
On nous ravit à jamais
Votre adorable présence,
Le plus cher de vos bienfaits.
Cédons au coup qui nous tue;
Le sort peut dans sa rigueur
Vous soustraire à notre vue,
Mais non pas à notre cœur.

Par M. Mayet, de Lyon.

VERS

VERS
PAR STANCES IRRÉGULIERES, ADRESSÉS A MADAME CLOTILDE, PRINCESSE DE PIÉMONT.

Par M. LORGES, Grammairien.

FORMONS tous de brillants Concerts,
Chers Citoyens, ſoyons pleins d'alégreſſe,
Faiſons retentir dans les airs,
Vive notre aimable Princeſſe !

Le pur Sang de nos demi-Dieux
Vient embellir cette Contrée,
Et ramener en ces beaux Lieux
Le temps de l'Empire de Rhée.

Ah ! ſi le Nil fut ſi fier autrefois
De voir ſes Dieux habiter ſur ſes rives,
Le Rhône auſſi jaloux pour le Sang de ſes Rois,
S'efforce à retenir ſes ondes fugitives.

Mais, ſemblable au ſoleil qui ſe montre un inſtant
Pour ſe couvrir après des plus ſombres nuages,
Notre Princeſſe... hélas! quel malheur nous attend!
S'apprête à s'échapper à nos tendres hommages.

Ah! ne nous plaignons point, c'eſt pour notre bonheur;
Près de nous elle forme une belle alliance:
Le Roi pour ſes Sujets ſe prive de ſa Sœur,
Ne cherchant que la gloire & le bien de la France.

Le ſuperbe LOUIS-LE-GRAND,
Chargé de lauriers & d'années,
S'écrie en ſon raviſſement:
Nous n'avons plus de Pyrénées.

Combien eſt-il plus glorieux
A notre ROI commençant ſa carriere,
De dire à tout ſon Peuple heureux:
Que la France ſoit ſans barriere!

François, porte tes yeux de l'aurore au couchant;
Toutes les Nations avec toi ſont unies:
Quel ſpectacle plus raviſſant!
Les Alpes par ton Roi viennent d'être applanies.

COUPLETS
ADRESSÉS
A SON ALTESSE ROYALE
MADAME LA PRINCESSE
DE PIÉMONT,
AU SUJET DES MARIAGES
FAITS A ROANNE,
PAR M. DE FLESSELLES,
INTENDANT DE LYON,
LE JOUR DU PASSAGE
DE SON ALTESSE ROYALE.

CLOTILDE eſt l'image des Dieux :
L'Hymen, qui vole au devant d'Elle,
De ſon flambeau, du haut des Cieux,
Dans nos champs jette une étincelle.
Pour former de tendres liens
Eſt-il un plus heureux préſage ?
Par les plaiſirs & par les biens
Les Dieux ſignalent leur paſſage.

De ses regards & sous ses pas
Le bonheur s'empresse d'éclore;
Sa présence est pour nos climats
Ce qu'aux champs est la douce aurore.
Éternisez ce jour heureux
Au sein d'un paisible ménage,
Et qu'après cent ans vos Neveux
Bénissent encor son passage.

Cédez au penchant de vos cœurs (*);
Portez à ses pieds vos offrandes :
Dédaigneroit-Elle des fleurs
Dont l'Amour forma les Guirlandes?
Eh! qu'importent de vains efforts
A lui rendre un brillant hommage?
Les vœux des Peuples, leurs transports,
Sont les Fêtes de son passage.

(*) Son Altesse Royale a permis que les nouveaux Epoux lui fussent présentés, & a daigné recevoir leurs hommages.

FIN.

COUPLETS
CHANTÉS
EN PRÉSENCE
DE SON ALTESSE ROYALE
MADAME LA PRINCESSE
DE PIÉMONT,
A SON PASSAGE
A ROANNE.

LES Cieux paroissent plus beaux,
La nature est plus riante :
Flore embellit nos hameaux,
Terpsicore les enchante.
Par-tout les voix & les échos
Répetent à l'envi ces mots :
Vive l'aimable Princesse,
L'objet de notre tendresse !

Nos cœurs ne s'y trompent pas,
C'est CLOTILDE qui s'avance :
L'alégresse suit ses pas,
Tout s'anime à sa présence.
L'instant qui l'offre à nos desirs
Excite ces cris de plaisirs :
Vive l'aimable Princesse,
L'objet de notre tendresse !

Sur son front & dans ses yeux
Eclate la bonté même;
Voir, ou faire des heureux
Est son vœu, son bien suprême.
Ah! qu'Elle en goûte la douceur;
Tout respire ici le bonheur.
Vive l'aimable Princesse,
L'objet de notre tendresse !

C'est la Fille des BOURBONS,
La Sœur d'un ROI, nos délices;
L'âge d'or, ses heureux dons
Renaissent sous ses auspices.
Nos champs par lui sont enrichis,
Par CLOTILDE ils sont embellis.
Vive l'aimable Princesse,
L'objet de notre tendresse !

DOUX accueil, ſacile accès,
Graces, égards, bienfaiſance :
Par de ſi charmants attraits
Faire adorer ſa puiſſance :
Cet art qui le connoîtra mieux ?
La REINE étoit devant ſes yeux.
Vive l'aimable Princeſſe,
L'objet de notre tendreſſe !

A ſon berceau les neuf Sœurs
Attacherent leur hommage :
Sur ſon front brillent leurs fleurs,
Dans ſa bouche eſt leur langage.
Ah! raſſurons-nous ſur nos chants :
Le goût fait grace aux ſentiments.
Vive, &c.

LA vertu voit ſous ſes traits
Embellir ſa propre image.
Jouiſſez de vos ſuccès,
Minerve (*); elle eſt votre ouvrage.
Pour former les Enfants des Dieux,
Minerve deſcendit des Cieux.
Vive, &c.

(*) Madame la Princeſſe de MARSAN, Gouvernante des Enfants de France.

DIGNE objet de nos regrets,
Allez orner l'Hespérie;
Allez, & de ses bienfaits
Acquittez votre Patrie.
Que les deux Peuples, aux trois Sœurs,
Offrent ce tribut de leurs cœurs.
Vive l'aimable Princesse,
L'objet de notre tendresse!

FIN.

A LYON, de l'Imprimerie D'AIMÉ DE LA ROCHE, Imprimeur du Gouvernement, aux Halles de la Grenette. 1775.

www.ingramcontent.com/pod-product-compliance
Ingram Content Group UK Ltd.
Pitfield, Milton Keynes, MK11 3LW, UK
UKHW021031220726
13924UKWH00001B/253

9 782019 684433